Αρκάς, *Χαμηλές Πτήσεις*
ΜΠΑΜΠΑ, ΠΕΤΑΩ!

© ΑΡΚΑΣ, 1991

© για την ελληνική γλώσσα
«γράμματα» 1992

Κεντρική διάθεση:
ΑΘΗΝΑ: Γραβιάς 3-5, Αθήνα 106 78, τηλ. 210.3807.689
ΘΕΣ/ΝΙΚΗ: ΠΡΩΤΟΠΟΡΙΑ, Νίκης 3, Θεσ/νίκη 546 24, τηλ. 231.0226.190

 — Flüge

ΜΠΑΜΠΑ, ΠΕΤΑΩ!

του Αρκά

Άλλα βιβλία του Αρκά από τις εκδόσεις «γράμματα»

Ο Κόκκορας

1. Σιγά τ' αυγά
2. Χοντρά κόλπα
3. Πετάει πετάει
4. Νυχτερινά επεισόδια
5. Αδιέξοδα
6. Συναναστροφές
7. Κορίτσια, μας βιάζουνε!

Show business

1. Έλα στο καμαρίνι μου
2. Πάμε πρόβα
3. Μεγάλο φινάλε

Η ζωή μετά

1. Αιωνιότητα είναι θα περάσει
2. Δουλειά δεν είχε ο διάβολος
3. Ένα θάνατο τον έχουμε
4. Για καλό και για κακό

Χαμηλές Πτήσεις

1. Μπαμπά, πετάω!
2. Σπουργίτι είσαι και φαίνεσαι
3. Τίμα τον πατέρα σου...
4. Κάνε πουλί να δεις καλό...
5. Αν πετάξει το πουλί...
6. ...Με τον κηδεμόνα σου
7. Το έξυπνο πουλί...

Ο Καλός Λύκος

Καστράτο

1. Απρέπειες
2. Όσο πατάει η γάτα
3. Εκτός ελέγχου
4. Περί ορέξεως
5. Γάτα είναι και γυρίζει
6. Παρενοχλήσεις
7. Η πιο σκύλα γάτα

Ο Κόκκορας
(επίτομο, επιχρωματισμένο)

Σόου Μπίζνες
(επίτομο, επιχρωματισμένο)

Ο Ισοβίτης
(επίτομο, επιχρωματισμένο)

Flying starts

1. Look dad, I'm flying!
2. No! I'm a stork!
3. Honor thy father
4. Love's Labour's Lost

You bring out the animal in me

1. Games for two
2. Crazy combinations

The Lifer

1. Bad company
2. A rat in my soup!
3. Doc, I've got to get something off my chest...

Ο Αρκάς στο Internet **www.arkas.gr**

www.protoporia.gr

ΤΟ ΜΕΓΑΛΟ ΗΛΕΚΤΡΟΝΙΚΟ ΒΙΒΛΙΟΠΩΛΕΙΟ